Angel Cristóbal García

FABBIANI

Letras Latinas Publishers

Serie Bellas Artes

2019

Edición: Felicia Jiménez Gómez

Diseño gráfico: Editorial Letras Latinas Publishers

Texto: Angel Cristóbal García

Copyright sobre la presente edición:

©Angel Cristóbal García, 2019

©Letras Latinas Publishers, 2019

ISBN: 9781791739126

Ilustraciones: Cortesía Galería Nacional de Arte, Venezuela

Si usted desea publicar un libro, visite nuestra página web:

www.letraslatinaspublishers.com

o escríbanos a: e-mail: letraslatinaspublishers@.com

Compras: www.amazon.com/author/angelchristopher

Este libro está disponible en formato impreso y electrónico, gracias a Kindle Direct Publishing de Amazon.com

Impreso en los Estados Unidos de América

Printed in United States of America

INTRODUCCIÓN

Ritmos quietos o apacibles

Si quisiéramos buscar definiciones del arte de Fabbiani diríamos que es honrado, incapaz de mentir. En muchos artistas suele verse, claro o disfrazado, el empeño de adornarse con los brillos que agradan al público. Fabbiani es todo lo contrario. Puede decirse que ejerce una cuidadosa censura de los elementos que no pertenecen estrictamente a su verdad. No hay en su obra ningún rosa dulzón, ningún brillo amanerado, ningún caramelo endulzado. (1)

Durante todo el gobierno de Juan Vicente Gómez (2) -desde principios del siglo XX hasta 1935, cuando muere-, la actividad artística en Venezuela tomó un tono casi clandestino. Es decir; había una afirmación seca, oratoria, grandilocuente, apegada a los símbolos que el oficialismo consideraba sagrados, pero el arte verdadero se encontraba difícilmente unido a grupos donde se hablaba en voz baja y como en secreto conspirativo. Ello lo podemos constatar en el libro de Enrique Planchart (3) sobre la pintura en Venezuela, donde están recogidas muy escasas notas sobre exposiciones realizadas durante los años más graves del régimen de Gómez.

En esos movimientos donde hay que aplicar la sordina a la trompeta, parece tomar seguro asiento la relación con el paisaje. Podría, quien tuviera capacidad de hacerlo, buscar las explicaciones pertinentes. El caso es que Manuel Cabré (4), los hermanos Monsanto, Brandt, Rafael Monasterios, comienzan a hacer paisajes, al igual que Armando Reverón.

De Reverón ya escribimos (5), pero cuando se hace referencia a él siempre es necesario hablar despacio. El pintor de Macuto comenzó con figuras y escenas donde hay algo semejante al brillo de los esmaltes. Tuvo, sin duda alguna, ecos del ruso que fue su amigo. Ferdinandov (6) es quien ha tenido que mostrarle ese peculiar prodigio de la encendida sombra, de las lujosas mujeres que surgen de la sombra cargada de azul. Es un artista absolutamente impar, está solo en la galería de la pintura venezolana, como quiso estarlo en la vida. Bien podría decirse que el retiro de Reverón en Macuto lo lleva a miles de kilómetros de sus compañeros: a los miles de kilómetros que expresa el color blanco. Él encontró a poca distancia de Caracas, el refugio que han buscado los artistas todos, y allí estuvo corriendo la prodigiosa aventura del blanco, repleto de luz directa y pura del trópico.

Luego vino la inquieta época de su enfermedad. Su mundo se puebla con las figuras de las muñecas que había fabricado para usarlas como modelos vivos. Y pinta toda una serie en la cual la presencia femenina se hace sarcástica, impúdica, lasciva. Margot Benacerraf (7) recogió en su documental sobre Reverón esa turbadora atmósfera de burla, carnaval y sexo. Unos cuantos años más tarde, el pintor será recluido en una clínica para enfermos mentales.

Pero junto con la obra de Reverón se va haciendo la de sus compañeros del Círculo de Bellas Artes (8), en diálogo con el paisaje: Brandt añade a ese diálogo muy finos ejercicios de naturalezas muertas, donde se crea atmósfera de interior grata y elegante. Cabré es quien más seguramente se impone con sus paisajes solemnes del

Ávila que sirven de guía a unos cuantos pintores. César Prieto (9) hace una obra singular en la que utiliza tonos severos del gris; su cuadro del patio de la antigua Academia sería admirado por varias generaciones de venezolanos. Mas, Monasterios será quien imprima al paisaje contenida fuerza, alegre calidad donde está expresada la más antigua tradición venezolana.

Estamos hablando ya de gentes que se emparentan a los más antiguos compañeros del Círculo. Porque si bien es cierto que el arte se hizo sigiloso bajo la dictadura gomecista, no es menos cierto que nuevas personalidades entraban a trabajar en el arte. Todos ellos bajo los efectos de la misma sordina, una especie de grito desde ese silencio interior que también disiente, en conciliábulo de teorías y en inteligentes conversaciones con pintores de mucha lectura. Fue entonces cuando irrumpieron dos nuevos pintores: Francisco Narváez (10) y Juan Vicente Fabbiani, objeto de la presente monografía. A su regreso de Francia, Narváez trabajó una pintura a la que podemos llamar plana, de colores limpios y sencillos. Trajo mucha influencia y tendencias europeas que provocaron nuevas manifestaciones dentro de la pintura venezolana.

Es una figura del siglo pasado que no puede pasar desapercibida en la pintura, así se considere que sus trabajos de escultor lo apartaron del ejercicio pictórico.

Por su parte, sin haber salido de Venezuela, Fabbiani iniciará, hacia 1930, una serie de estudios donde puede encontrarse la estilización de figuras y elementos de nuestra realidad, llevados a planos conceptuales universales. Podríamos mencionar un campesino-pierrot (11), así como multitud de flores, bodegones y escenas donde, dentro de la muy pulcra simplicidad, se describe el estado de ánimo, la voluntad de lucha, el deseo de superación que se oponían a las aldeanas concepciones impuestas por el gobierno de turno. Hay un cuadro de Juan Vicente donde está presa entre los barrotes de una ventana, una purísima imagen floral. Sin duda, hay en esa tela una frase política realizada con toda dignidad.

Narváez y Fabbiani, juntos y diferentes, constituyen una manera específica de la pintura venezolana: un arte que, a partir de los motivos de la relación de los hombres con la tierra y de los hombres con Venezuela, representa valores universales. Limpia, sencilla, recia, ha sido la tarea del pintor Fabbiani. Obligado, como muchos otros artistas, a hacer labor extraña al arte; obligado, como muchos otros venezolanos, a trabajar en actividad ajena a su propia vocación; obligado a gastar su habilidad técnica en menesteres que produzcan el vil dinero y sustituyan al trabajo por el cual siente verdadero impulso. Fabbiani cumplió exactamente esas labores no artísticas serenamente, sin creerse mártir, sin suponer que el mundo le era enemigo, sin decir que era un incomprendido o un doloroso caso de renunciación.

Además, supo seguir haciendo arte cabal luego de rendir el esfuerzo necesario para la obtención de las imprescindibles "morocotas".

Aunque confesaba que, lo que más le gustaba de pintar era el cuerpo humano desnudo, podríamos asegurar que hay en la obra de Juan Vicente toda una serena y decidida afirmación de pureza, de pulcritud, de firmeza sincera opuesta en absoluto a las fáciles llamativas decoraciones con las que los mentirosos del arte gustan de adornar, de suavizar, y de disfrazar su incapacidad para expresar el mundo.

Así pues, el lector podrá apreciar en este ensayo cómo la pintura de Juan Vicente Fabbiani fue un enlace hacia las propuestas figurativas de la década de los 40. Pero a diferencia del tono político o denuncia social característicos de la obra de un César Rengifo (12), el realismo de Fabbiani se expresa a través del desnudo femenino, de rostros de niños y de naturalezas muertas; creando un intenso clima de estrictos valores plásticos que redundan en el congelamiento de la imagen. "Ritmos quietos o apacibles", diría de su pintura el poeta Planchart o "severa y firme" según el ojo crítico de Meneses (13).

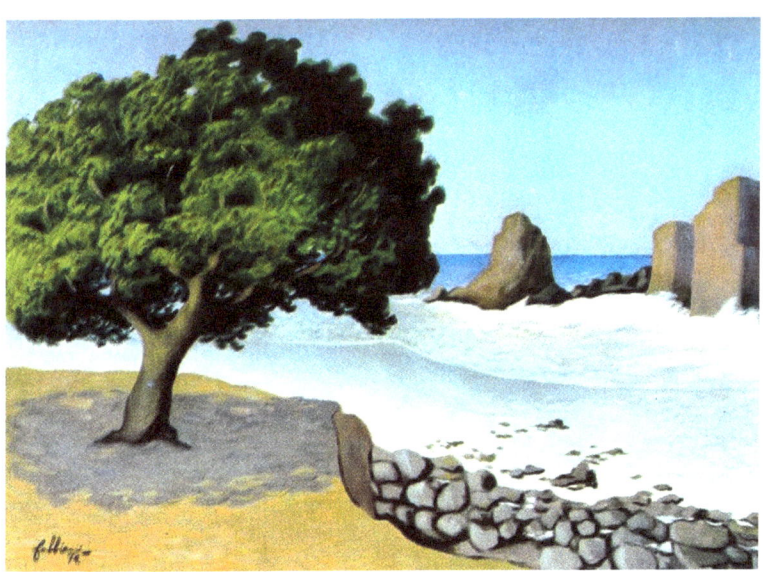

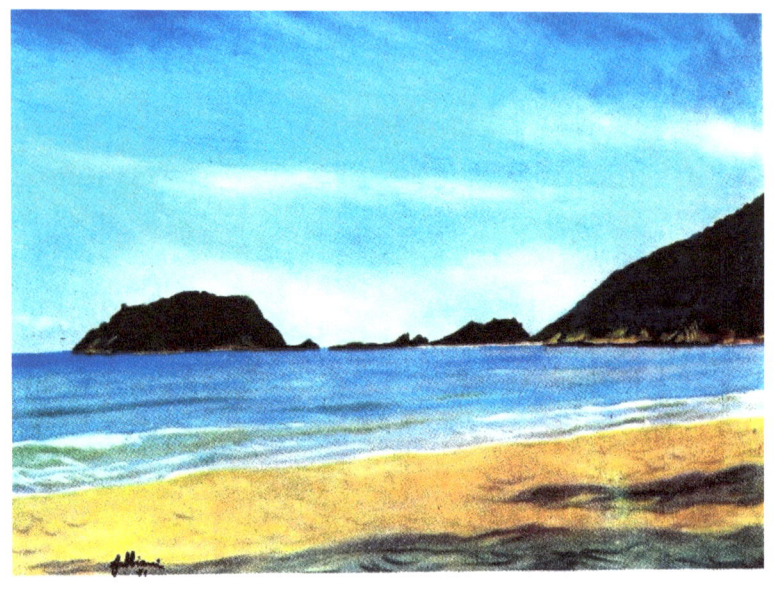

I PARTE

El alfa y el omega

Transcurría el año de 1910. El imperio del cacao no ha sucumbido aún al más poderoso del petróleo. Venezuela es todavía un país eminentemente agrícola. Sus verdes extensiones se desperezan apacibles frente al Mar de las Antillas, mientras la recia musculatura del negro criollo va apilando en las playas los pesados fardos cargados con las más finas almendras americanas: café y cacao para los mercados de Europa.

En esa época en Barlovento (14), el año empezaba y concluía su itinerario con el deletrear del cacao. Aquí sudaba el negro criollo de la frente al sobaco, suficiente como para producir el milagro de la aventada mazorca que después, allá en el patio del patrón, desgranada y ebria de savia y aceites, se secaba poco a poco bajo el castigo del sol y adulada por la insistencia alada de los abejorros que liban desde la antigüedad el pegajoso zumo.

Así se iban amasando, entre lágrimas y cantos, el más firme baluarte de nuestra incipiente economía. Sudaba el negro criollo de seis a seis, de la siembra a la recolección y también en la oscura noche de San Juan, cuando, a la luz de la vela o de la luna, bailaba con su hembra en honor del Santo Guaricongo (15), alfa y omega de su fe y de su hazaña.

Y cual abeja haciendo cera en la colmena, la que gracias al calor que le brinda ancestralmente el concurso de millares de sus hermanas, es como único pudo segregar esa misteriosa mezcla química, que antes fue polen y después cera virgen, para forjar la maravillosa pequeña ciudad; así el negro criollo danzaba apretujado, casi histérico, con ritmo sensual, en un hacinamiento angustioso; con exudaciones de selva y aguardiente, como para mantener intacto el prodigio de una tierra cuya fisonomía se dilataba y se perdía bajo el cielo, y frente al mar: tierra generosa, madre prieta que abre su vientre opulento y magnífico para ofrecer la más variadas riquezas vegetales sin que jamás se agote su caudal.

En la población de Panaquire (16), en la casa de Juan Pablo Fabbiani y Concepción Ruiz, otro vientre se dilataba, y entre latido y latido dio a luz un hijo: se llamará Juan Vicente y será pintor. Por sus venas correrá esa rara fusión de razas y sentimientos que determinará en su personalidad artística la transmutación de lo universal en lo nativo. Y para que no se diga que la tierra de Barlovento ha sido alguna vez mezquina, un año después nacerá su hermano José (17), a quien destinarán los hados para que describa, en el mismo tono realista, ajeno a lo anecdótico pero rico en español acento y en la hidalga expresión, el dolor y la grandeza del terrón que abandonarán pocos años después.

Pero ya nada importará la distancia o la ausencia. En la tierra piel de melón de estos dos niños han sido fijados, como con un hierro ardiente, el amor y el dolor del pobre negro criollo de Panaquire; la humilde sonrisa de la aguadora; el profundo canto de su río que se entrega al mar en los numerosos brazos de sus caños; el trinar de los pájaros sobre los altos bucares: el vientre de la tierra majestuosa y bravía mil veces representado después en los desnudos de Juan Vicente.

En Caracas espera el destino

Muerto el padre, la familia Fabbiani Ruiz se traslada a la capital del país. Los niños asisten primero a la escuela de Misia Melita —una buena señora que enseñaba las primeras letras y las cuatro reglas a los párvulos del vecindario-, luego a la de las hermanas González; más tarde al Colegio Católico Alemán, y posteriormente al Instituto San Pablo.

Ya para entonces, el pequeño Juan Vicente ha hecho del dibujo casi una obsesión que le llevó a ejecutar ingeniosas tiras cómicas, para las que su hermano José escribía el texto. Es esta afición por el relato gráfico la que le hace renunciar a los estudios secundarios. El imperativo es otro y brota de muy adentro.

Allá por el año 1924, Fabbiani transpone el umbral de la Academia de Bellas Artes y toma posesión de su destino con febril ansiedad. Los maestros Marcos Castillo, Antonio Esteban Frías y Carlos Otero (18) se encargarán de orientarle pacientemente hacia el logro de un medio de expresión atento a lo universal, aunque afianzado en los elementos estéticos que impresionan sus sentidos.

Es en la Academia donde Fabbiani va conformando la idea que será preocupación máxima de su vida de artista: el comprender que la pintura no puede ser una realidad supeditada a otra realidad. El tema es apenas un motivo, un punto de partida para expresarse de dentro hacia fuera. El realismo y el idealismo constituyen diferencias susceptibles de una total unificación en el arte: no hay realidad tangible sin su contraparte de irrealidad.

Estudiadas y comprendidas todas las técnicas pictóricas, Fabbiani se decide por el realismo sintético. Incursiona brevemente por lo predios del abstraccionismo, pero su creciente interés por la figura es incompatible con este tipo de lenguaje plástico. Con los pies muy fijos sobre la tierra, no se entrega en ningún momento a corporizar planteamientos intelectuales enigmáticos, "ni mucho menos a ofrecer al espectador complejos rompecabezas que le hagan pasar por incomprendido" (19).

Su mensaje aspira, en primer lugar, a ser comprendido y compartido. Por eso, en toda la obra de Fabbiani siempre se hará presente una sinceridad a toda prueba; la decisión constante de identificarse con las cosas sencillas que descubre a su alrededor y perpetuarlas en el lienzo para que, desde allí, siguiesen cantando su canción vital ataviadas con los más puros colores de la gama.

Fabbiani pertenece a una pujante generación de la cual expresa Enrique Planchart (20) en su *Historia de la Pintura en Venezuela*:

Francisco Narváez, Elisa Elvira Zuloaga, Juan Vicente Fabbiani y Héctor Poleo, se inclinan a una moderada estilización del dibujo y del colorido solicitando armonías voluntarias y además, en el desarrollo de nuestra pintura, representan como el puente o punto de enlace con los cultivadores del arte abstracto. (21)

Los maestros sentimentales de Fabbiani fueron los grandes pintores sintetistas europeos; Paúl Gauguin (22) en primer término, seguido de Modigliani (23) y Henry Matisse (24). Desechando lo literario o lo anecdótico en sus telas, prefiriendo los tonos elaborados con los colores primarios; buscando un estilo en el que, por toda artificiosidad, prevalezca una imagen plástica auténtica, austera, es como Fabbiani entiende la pintura. Con ese convencimiento participa por primera vez en el Salón Oficial de Arte Venezolano, en el V Salón Oficial Anual.

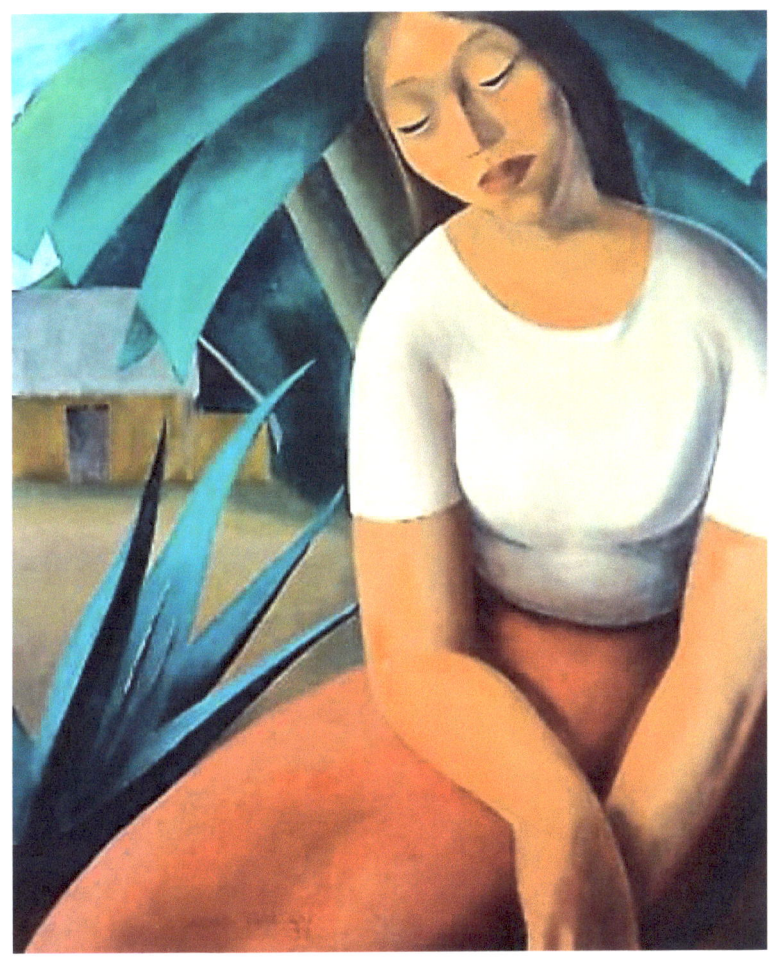

II PARTE

Esqueleto, piel, savia y pulpa

En el año de 1944 fue inaugurado oficialmente el V Salón Oficial Anual por el entonces encargado de la Presidencia de la República. Las dependencias del Museo de Bellas Artes, que lucían las obras enviadas por los más connotados artistas, desbordaban de entusiasmo y ofrecían un festín de colores que rivalizaba con los que iba dibujando el sol de aquella mañana. Un desnudo de Fabbiani, inmerso en majestuosa serenidad, mesurado en la concepción, con vagas reminiscencias de un Lothe (25) o de un Kisling (26), obtuvo el Premio John Boulton.

En esta primera confrontación con el público, el artista recoge emocionados comentarios de la crítica y de la gente de la prensa. Su pintura resulta casi un hallazgo.

> El desnudo de Fabbiani nos resulta admirable de delicadeza y de lirismo. La figura de mujer, tratada con una técnica que nos recuerda vagamente a algunos Kisling, emana de un fondo verde hermosamente matizado. El rostro de la mujer desnuda tiene una expresión de indefinible tristeza, de suave ensoñación y lejanía. Este cuadro encierra poesía y ternura. (27)

La poetisa Ida Gramcko (28) dedica una bella página al interesante desnudo al que, por cierto, describe que tiene "esqueleto y piel, savia y pulpa". Para esa época, Fabbiani ya es un antiguo colaborador gráfico de la publicidad ARS, una de las más prestigiosas del país. Los sueños del niño que dibujaba comiquitas como para ir desandando el camino que le aguardaba, se habían cristalizado en una realidad cotidiana.

Muchas de las ideas publicitarias de la mencionada agencia, se deben a las inquietudes artísticas de Juan Vicente. Sin embargo, estas actividades –tan necesarias para el diario subsistir-, a las que se añade sus trabajos para la revista *Elite* como redactor gráfico, y el ejercicio de la docencia -lo han nombrado profesor de dibujos con un horario nocturno-, amén de los suplementos dominicales a su cargo del diario *Ahora*; le alejan cada vez más, casi irremediablemente, de la constante que pide a gritos su bien definida vocación: el ejercicio de la pintura como único motivo de su existencia.

Un canto a la armonía de la forma

"Prefiero las figuras y de ellas, naturalmente, el desnudo…" (29)

Apenas un año después, en 1945, otro desnudo de Fabbiani obtendrá el codiciado Premio Nacional de Pintura. El óleo, proyectado en un difícil escorzo, es una sinfonía de colores puros que armonizan con la suavidad de la línea y la epidermis de las flores y las frutas venezolanas. La figura de la mujer que yace boca abajo, evoca las amplias caderas de la madre tierra que nos nutre y nos acuna en su seno.

Se trata de una obra que destila carácter intemporal, que establece parentesco directo con las que conforman la historia de la pintura universal y que expone claramente las ambiciones de este artista, comprometido con una elevada función de estética, en todo caso inspirado en las más exigentes disciplinas.

Ante el lienzo premiado, que pasa a ser propiedad del Museo, desfilarán a través de los años millares de espectadores que contemplarán extasiados la mágica orquestación de los colores, en la que se cumplen los propósitos del pintor: partir de la realidad hacia lo abstracto, mezclar y confundir la materia con la antimateria en el crisol de la inspiración, hasta obtener una filtración plástica que canta a la armonía de la forma. Pareciera como si Fabbiani se atuviera a los principios propuestos por Oscar Wilde cuando significa: "Mientras quede el menor signo de técnica, el cuadro no estará terminado. ¿Cuándo está terminado un cuadro? Cuando todo rastro de trabajo, así como los medios empleados para lograr el resultado, han desaparecido". (30)

En el translúcido vaso del alquimista sólo ha quedado la esencia, el alma de las cosas que brillan con un fulgor opalino, con luz de eternidad. La creación ha sido consumada.

Este nuevo galardón, el máximo instituido en el país para estimular el ejercicio artístico, conduce a Fabbiani a una drástica determinación: renunciar a todo trabajo que le aparte de su caballete y de sus potes de color. De ahora en adelante sólo le ocuparán sus cátedras de dibujo y de pintura de la Escuela de Artes Plásticas, y la resolución de las interrogantes artísticas que le preocupan.

Para ello se refugia en la quinta Manoa con su joven esposa –también pintora y alumna suya-, y los tres pequeños hijos nacidos de su unión conyugal. En Manoa –nombre de la deidad creadora de los indígenas del bajo Orinoco-, como Gauguin en las Islas Marquesas, o Van Gogh (31) en Auvers, el pintor engendra su propio paraíso, se convierte en su propio dios, y así, al encontrarse plenamente en el profundo recogimiento interior, establece su génesis, su principio y su fin: poco a poco van naciendo los hijos de la inspiración; los desnudos, las naturalezas muertas; las actitudes de los negros barloventeños, temáticas que le permiten desarrollar plenamente sus facultades analíticas y establecer un vínculo estrecho entre su arte y la figura humana, entre su expresión plástica y las humildes cosas: la mujer, el pan y el vino; el agua y la fruta.

Su pintura es un canto a la vida tal y como lo observa en la naturaleza, pero idealizada en el subconsciente.

El motivo siempre será sólo el punto de partida: Cuando pinta alguna fruta madura y en franco deterioro, que tal vez ha llegado fresca de savia y rica en mieles desde la tierra, y se va secando con el transcurso del tiempo, sólo da cumplimiento a la divina ley de crear y ver, de crecer y presenciar la muerte, para asistir al milagro de una nueva vida. La gran transformación continua y eterna, cuyas causas constituyen un misterio para el hombre.

"El niño campesino", es otro de los lienzos suyos enviados al Salón que recoge el trágico mensaje de la infancia de tierra adentro, con un dolor sosegado y triste. "Este niño –declara Fabbiani-, estas naturalezas y estos desnudos, surgieron de un periodo de entusiasmo y confianza. Se trata de una afirmación que debía venir tarde o temprano". (32). Con esto está significando que se ha cumplido ya la propia realización, que se ha alcanzado el sueño…

Otro importante galardón le es adjudicado a Fabbiani; el Premio Antonio Esteban Frías, destinado por la Publicidad Ars al mejor desnudo. Tales continuos merecimientos estimulan en gran manera la sensibilidad del artista, y el mismo año de 1945 expone treinta y ocho lienzos en el Museo de Bellas Artes de Caracas. La prensa anuncia dicha exposición con entusiasmo. Alguien declara que "en esta pintura de Fabbiani, que es ciento por ciento nuestra, está plasmado todo lo que de bello y desolado tiene Venezuela: los trozos de pan, los cacharros torcidos, los rostros cansados y tristes en su forma más sintética y realista" (33). Por sobre todo, se destaca la limpieza, la claridad del color, la sinceridad de su lenguaje plástico, absuelto de mentiras o de barroquismo, totalmente sujeto a una realidad ideal. El saldo de esta nueva gestión de Fabbiani es, pues, muy satisfactorio moral y económicamente, puesto que todas las telas son inmediatamente adquiridas por los coleccionistas.

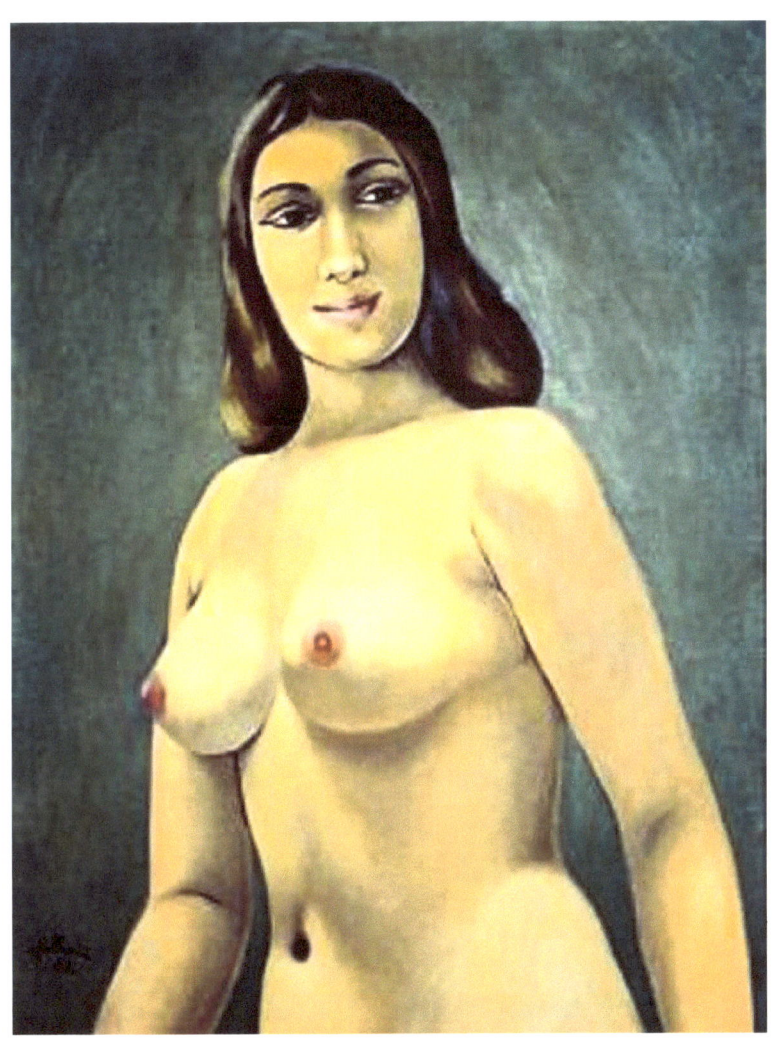

Desnudo femenino.

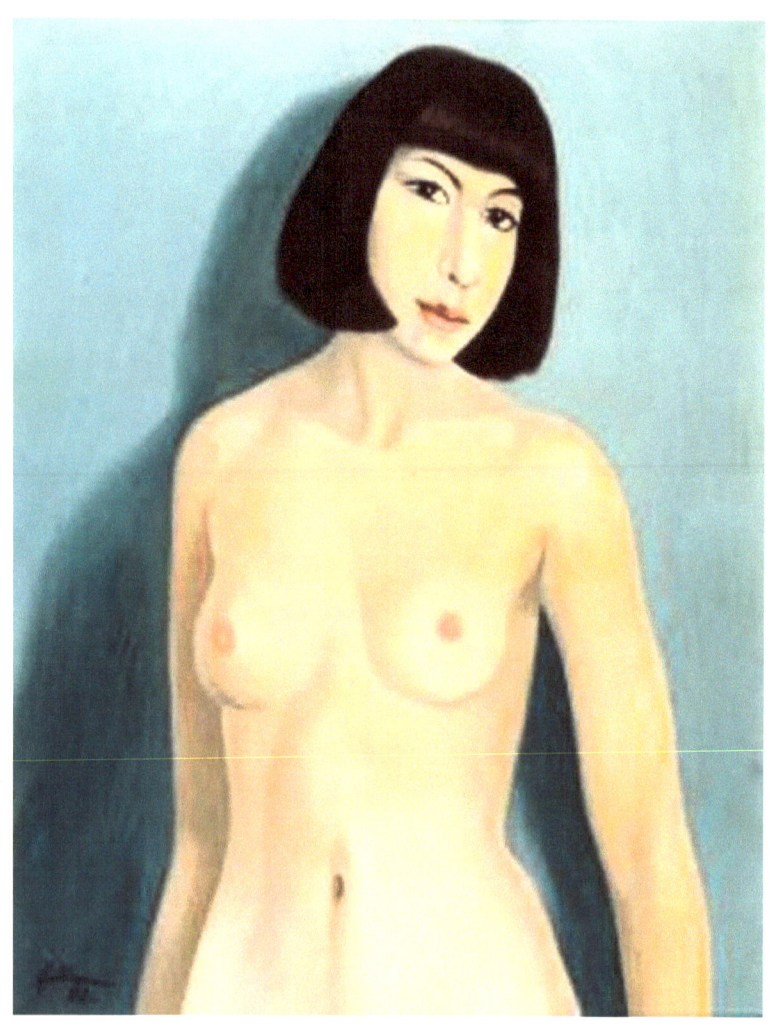

Desnudo

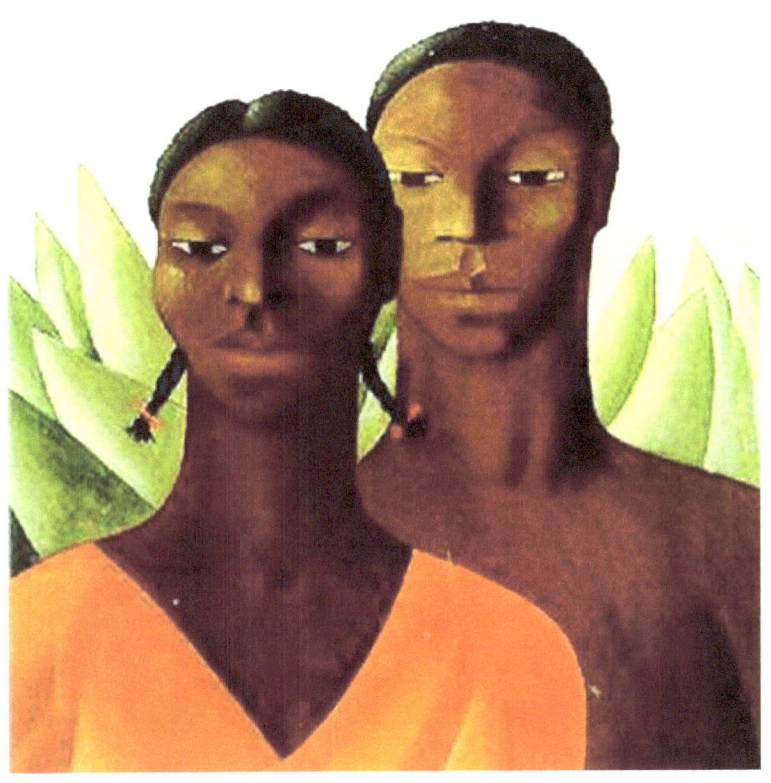

III PARTE

Escalando los peldaños del triunfo

En 1946 Juan Vicente obtiene el primer premio en el Salón de Pintura "Arturo Michelena" de Valencia, el segundo en importancia en el país, con el óleo titulado "Mojiganga", composición que se nutre en la esencia popular. Y en 1947 es recompensado con el premio "Abdón Pinto" del Ateneo de la misma ciudad. Al año siguiente, se lleva a casa el primer premio del Salón Planchart por su obra "Desnudo con guitarra". El celebrado escritor Guillermo Meneses comenta la importancia de este certamen en el diario *El Nacional* y al referirse a Fabbiani le califica como "el honrado pintor de mano firme, exacto y firme pintor de la precisa marca del color…".(34)

La buena racha continúa y en 1949 Fabbiani obtiene el Premio Nacional de Artes Plásticas, galardón análogo al Premio Oficial de Pintura y que consistía en cinco mil bolívares en efectivo, y pasaje de ida y vuelta a Europa. Los cuadros que envió en dicha oportunidad: "Martinicas", "Máscara", "Topochos" y "Toronjil", constituyen un conjunto de notable validez plástica y de intención nativista.

El interés por el volumen es evidente en la construcción de estas cuatro telas. El pintor ha comprendido que el fin primordial de toda obra de arte es llamar la atención. Y nada mejor en pintura que sorprender, que el volumen. Volumen, en pintura, quiere decir fuerza, el símbolo mismo de la realidad del Universo visible. A primera vista, el jurado calificador se fascina de encontrar dicho volumen en una superficie plana, y tal sorpresa no sólo les intriga sobremanera, sino que también les ayuda a comprender el esfuerzo del ejecutante: cinco votos contra uno determinan la decisión favorable:

> Para lograr este efecto, el pintor tiene que utilizar el contorno de las formas y las redondea para evocar la esfera, volumen que no supone ninguna superficie plana, y de igual manera se apoya en el método tradicional: los contrastes que evocan a un mismo tiempo la luz y la sombra, la imagen física y la incorpórea que integran todas las formas de la creación. (34)

El sobrio estilo de Fabbiani, quien cada día afianza más su personalidad artística, reclama para él un justo reconocimiento. Este mismo año que cierra la década de los cuarenta, el Museo de Bellas Artes le invita a preparar una muestra individual. Treinta y seis lienzos, algunos de los cuales pertenecen a valiosas colecciones privadas que las han prestado para dar mayor realce al evento artístico.

La crítica y la prensa no regatean elogios al pintor. Su densa producción es la de un artista realizado, dueño de los secretos de las artes, consciente de la trascendencia que puede tener su obra en las juventudes que asisten a sus clases con regularidad y fe; paradigma para los inconstantes, símbolo para los que buscan una verdad en el oficio artístico. Armando Lira (36), el celebrado chileno invitado a Caracas en 1936 para contribuir al desarrollo de las artes plásticas en el país, quien echa raíces y muere entre nosotros legándonos una invalorable producción, entre otras agudas observaciones anotó lo siguiente en un diario de la capital venezolana:

Aparentemente, Fabbiani se deja seducir por un objetivo excesivo –según la opinión de un aficionado que concurrió a su Exposición. Sin embargo, ello no es otra cosa que vana ilusión. Con sólo analizar cualquiera de sus cuadros, basta para desvanecer esta objeción gratuita. En realidad, Fabbiani en cada tela realiza una transportación plástica de los objetivos naturales que le sirven de tema, y de este modo logra ir mucho más allá de las apariencias tangibles. Sus motivos simples y sobriamente trabajados, se liberan de las trabas naturalistas y aparecen enriquecidos con una gracia y dignidad exclusivamente pictóricas. (37)

Lira, con los amplios conocimientos que tenía de las artes plásticas, afirmaba que es en el uso del color donde reside con mayor propiedad el sello original de la obra de Fabbiani. "Es el color el que le permite evadirse del realismo y lanzar su propio instinto a la búsqueda de armonías extraordinarias". (38)

Luego concluye: "Todo lo demás de su arte está controlado, porque Fabbiani es un artista de serias disciplinas estética". (39). No se equivocó el pintor chileno cuando en aquella oportunidad vislumbró a un auténtico maestro de la nueva pintura venezolana. El tiempo, como sabio catalizador, así lo confirmó.

En 1958 Juan Vicente es designado por el gobierno venezolano para participar en la Bienal de Venecia, uno de los certámenes más importantes del mundo. El cuadro que ejecuta para tal ocasión "Tristeza", representa un busto de mujer de tipo muy criollo, cuyo semblante refleja la nostalgia de la raza, el dolor de la tierra explotada y herida. Imagen de profundo mensaje humano, símbolo de la hembra venezolana, madre y mártir a un tiempo.

Siguiendo las huellas de su maestro

En el año de 1960, Juan Vicente Fabbiani es nombrado director de la Escuela de Artes Plásticas "Cristóbal Rojas", donde ha cumplido una labor docente prolongada; veinticuatro años en total. Bajo su conducción, esta institución es reorganizada de manera provechosa. Inicia un curso de artes decorativas. Cursos libres vespertinos y nocturnos se ofrecen a todos aquellos interesados que, por cumplir labores durante el día, no pueden asistir a la Escuela en horas diurnas. Asimismo, el nuevo director se propone estimular sanamente el ímpetu de los jóvenes estudiantes de arte. Para entonces, no pocas generaciones habían recibido ya de este maestro de la pintura venezolana sus sabios y oportunos consejos. En este sentido, Fabbiani prosigue la labor educativa emprendida por su inolvidable maestro Marcos Castillo y da lo mejor de sí mismo con callada abnegación, con ejemplar modestia, en las aulas de la emblemática Escuela.

En 1962 expone nuevamente en el Museo de Bellas Artes, treinta y cuatro obras en las cuales se agudiza su tendencia hacia el *sintetismo*. El artista ha viajado a Europa en dos oportunidades, allí ha visitado museos y galerías; ha estudiado las obras de los grandes de la pintura y adquirido numerosos libros de arte. Su experiencia artística es considerable. En aquella ocasión, entrevistado por Luciano Cruz, del diario *La República,* el pintor declara: "Yo no tengo estilo. No soy de una escuela determinada. Pinto como yo". Y acerca de sus años de docencia: "Mis discípulos nunca me han imitado. Y eso es bueno, que siempre cada quien busque su estilo, su manera de pintar". (40)

Esta exposición del año 62 es organizada simultáneamente con otra de Gabriel Morera, de las entonces modernas tendencias *informalistas* y de Sidney Siegal, norteamericano cuyas búsquedas le aproximaban al estilo de Paul Klee. El antagonismo entre los tres exponentes no puede ser más significativo; Fabbiani es un decidido opositor del *informalismo,* expresión donde se refugiaban, según él, muchos artistas mediocres. Sin embargo, su obra, que es la de un pintor integrado a las corrientes tradicionales del *arte figurativo*, pero sin caer en el amaneramiento, resplandecía y aún brilla con luz propia.

Sus desnudos, sus naturalezas muertas y sus flores, composiciones leales a la temática venezolana, revelan a Fabbiani como uno de nuestros más dotados pintores.

Como bien anotara Planchart muchos años antes, es su obra una especie de evocación constante, de conciliación de los temas tradicionales con la pintura moderna.

En 1965 expone en la Galería Aquavella treinta óleos de diferentes temáticas, entre los cuales figuran algunos de inspiración humorística como "Las chicas del burlesco", que indudablemente guarda conexión directa con sus tiempos de colaborador gráfico de los mejores diarios, revistas o agencias publicitarias venezolanas. "Dúo de jóvenes", "Cuarteto de damas caritativas", "Trío de personajes que tocarán el plafón", son lienzos realizados dentro de una aguda ironía, de un fino humorismo que ridiculizan vicios y costumbres de la sociedad burguesa, y que a la vez permiten apreciar la versatilidad del pintor.

Otros cuadros como "Rey negro" y "Cantores barloventeños", hablan de su identificación con los afrodescendientes de Barlovento, seres que cantan su dolor al compás del tambor y muelen su desesperanza con la blanca dentadura, mientras ven pasar siglos de explotación, de abandono y de miseria. Y es que el tema social no podía ser ajeno a un artista sensible como Juan Vicente Fabbiani:

> Como un puro renacentista, menosprecia el paisaje, que no es más que un pedestal o un adorno para lo humano. El ser humano se ha apoderado de tal forma del mundo, lo transformado de tal forma, que el mundo no es mundo sin lo humano, parece decir con su silencio el pintor. (Rafael Delgado, El Universal, 1965)

La pintura realista y su repercusión en Venezuela

La *pintura realista* representa un punto convergente de una nueva generación y constituye la tercera etapa del arte del siglo XX en Francia, a la que había precedido el *clasicismo* y el *romanticismo*. Su motivación pretende escapar al énfasis romántico para lograr una concepción artística que rechaza el lirismo anecdótico y adopta una estética rigurosamente ordenada, objetiva, sujeta a la realidad. Las influencias de este movimiento, que se inspiraba en sus inicios en el paisaje y en la intensa poesía de la naturaleza, no tardaron en hacerse presente en Caracas. Ello constituyó un nuevo punto de partida, una absoluta liberación para los estudiantes de la Academia dirigida por Herrera Toro.

El hombre en sí, la realidad social, las teorías políticas del momento, serían los nuevos temas. El arte para al servicio de las ideas y responde a las necesidades contemporáneas. Se trata de la evolución del naturalismo hacia una más valiente y humana interpretación de las artes plásticas. Fabbiani renunció, inspirado en este movimiento, a la técnica exclusiva del taller, circunstancia que derivó en la llamada "Escuela de Caracas".

Los primeros disidentes del academicismo clásico empezaron a estudiar los fenómenos lumínicos y del color y sentaron el precedente en el que hoy se apoyan las artes contemporáneas venezolanas.

Un realismo propio

De la impecable técnica de un Marcos Castillo, derivaría nuestro pintor su pasión por el color, traducida en una armonía cromática estructurada por medio de planos elaborados con el pigmento puro.

Aunque sin salir al exterior en sus comienzos, por lo que se infiere que Fabbiani sólo conoce el *sintetismo* teóricamente, se decide por esta tendencia implantada por Gauguin y teorizada por André Lhote. El empeño por la profundidad o la perspectiva deja de tener la importancia que le confieren otros exponentes del *realismo*. Para ello, rodea las formas con una trazo definido y aumenta la intensidad cromática. Su estilo es sólido, sobrio y eminentemente decorativo.

Se trata de un arte austero, con ausencia total de barroquismo o elementos de artificio, y prolijamente elaborado que responde a continuas disciplinas. Ajeno a la improvisación o al mimetismo que caracterizan a muchas corrientes contemporáneas, Fabbiani fue un pintor consciente de su alto mensaje estético. El realismo sintético que identifica su obra, posee una gravedad que frena los arrebatos declamatorios y se reduce a la manifestación artística en función estrictamente decorativa.

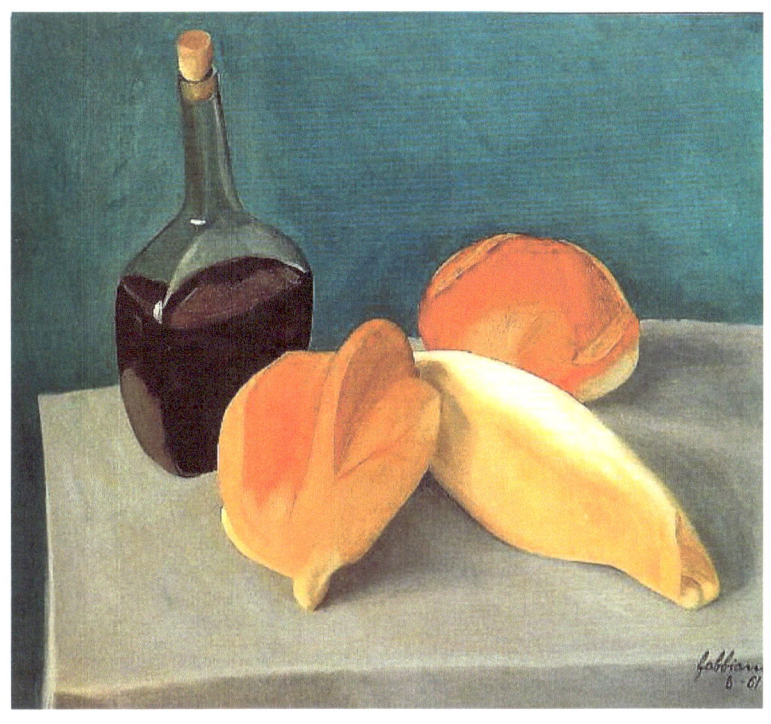

EPÍLOGO

El incesante silencio creador

La trayectoria plástica de Fabbiani se aleja de la anécdota y de la tradición del Círculo de Bellas Artes. Sin embargo, sin perder universalidad, está íntimamente identificada con el sabor local. A veces roza el motivo social, pero sin adentrarse demasiado en el alegato o la tesis conflictiva.

La producción de este artista, aunque nutrida en los principios del Círculo, se aparta casi totalmente del paisaje para entregarse al estudio de los desnudos, las naturalezas muertas, quizás por avenirse mejor este procedimiento a su carácter analítico, amante del estudio y la investigación.

En la pintura de este maestro de las artes plásticas venezolanas, lo que se aprecia a primera vista es ese gran dominio del color que traduce en una sensación de limpidez, de nitidez incomparable. Todo lo superfluo es sacrificado a un realismo sintético, firme, sin concesiones a ningún tipo de afectación o amaneramiento. Aquí el pintor pareciera apoyarse en una frase de Matisse: "Todo lo que carece de utilidad en el cuadro, es por ello mismo, pernicioso".

Con el auxilio de muy pocos y elegidos elementos, y un dibujo preciso que tanto persiguen —a veces infructuosamente- los pintores de hoy, el artista elaboró sus composiciones con la precisión de un matemático. En ellas los objetos dan la momentánea sensación de ser planos, pero sin embargo, la presencia del volumen es tan real, que esos mismos objetos cobran una dimensión auténtica., como si pretendiesen salirse fuera del lienzo.

Fabbiani es el único pintor venezolano que mereció conjuntamente los Premios Oficial Anual de Pintura y Nacional de Artes Plásticas. No obstante, se considera que su producción no ha sido lo suficientemente valorada y divulgada por parte de los organismos oficiales, a pesar de estar conceptuada como una de las más edificantes, de las más depuradas de las artes venezolanas. La dimensión de su obra, por lo menos, reclama la organización de una gran retrospectiva en el Museo de Bellas Artes para que las generaciones actuales y el pueblo puedan formarse una idea bastante clara de lo que la gestión artística de este maestro ha significado y significará dentro del amplio panorama de nuestra cultura.

Juan Vicente Fabbiani pintó asiduamente hasta el final de sus días, como lo evidenciaron sus continuas exposiciones. Mantuvo siempre el mismo signo vital, la misma identidad con los elementos primarios, el vigor y la fuerza expresiva que caracterizan en conjunto a toda su obra. Inclusive, después de jubilado como profesor de artes plásticas tras 30 años de labor en la docencia, dictó clases de dibujo y pintura en diversos colegios con ejemplar entusiasmo y dedicación. Su vocación por la docencia no fue ni menos firme, ni menos edificante que la sentida por el ejercicio artístico.

Suerte que tienen tanto los pintores, como los escritores, de vivir eternamente en sus obras. Así pues, a pesar de su partida, es mucho todavía lo que puede dar este maestro de las artes plásticas, cuya sombra bienhechora se agiganta y cubre de semillas los surcos, a la manera de esos frondosos samanes y ceibos que crecen enhiestos en los bosques de Caracas: calladamente, en incesante silencio creador.

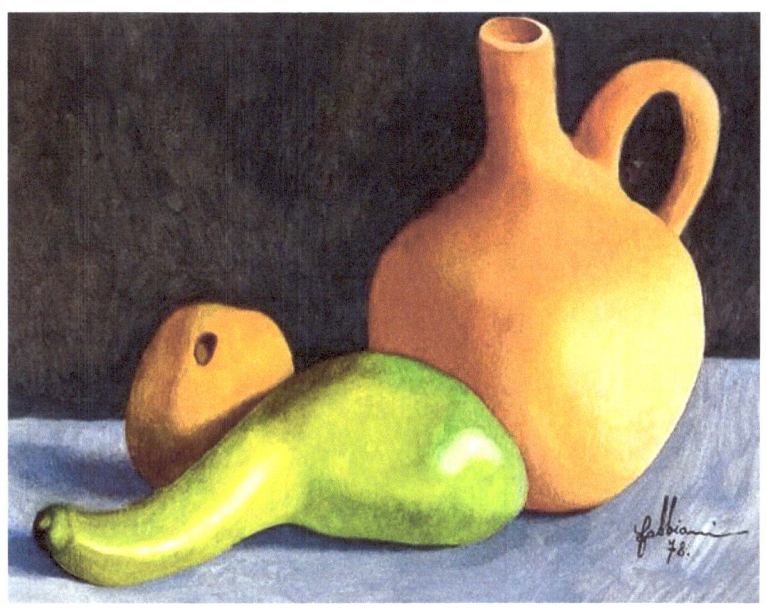

Naturaleza muerta.

EXPOSICIONES INDIVIDUALES

1945. Museo de Bellas Artes de Caracas

1949. Museo de Bellas Artes de Caracas

1962. Museo de Bellas Artes de Caracas

1965. Galería Acquavella, Caracas

1967. Galería Polo & Bot, Caracas

1968. Galería Bellas Artes, Caracas

1972. Galería Li, Caracas

1973. Galería Li, Caracas

1978. Galería Li, Caracas

1983. Galería Li, Caracas

1984. "El Ávila zúrrela de Fabbiani", Galería Li, Caracas

EXPOSICIONES PÓSTUMAS

1990. "Homenaje a Juan Vicente Fabbiani", Galería Li, Caracas

PREMIOS Y GALARDONES

1944. Premio John Boulton, V Salón Oficial.

1945. Premio Oficial de Pintura, VI Salón Oficial

1946. Premio Arturo Michelena, IV Salón Arturo Michelena

1948. Premio Abdón Pinto, IX Salón Oficial / Primer premio, I Salón Planchart

COLECCIONES

Galería de Arte Nacional

Museo de Anzoátegui, Barcelona, Edo. Anzoátegui

Residencia Presidencial La Casona, Caracas

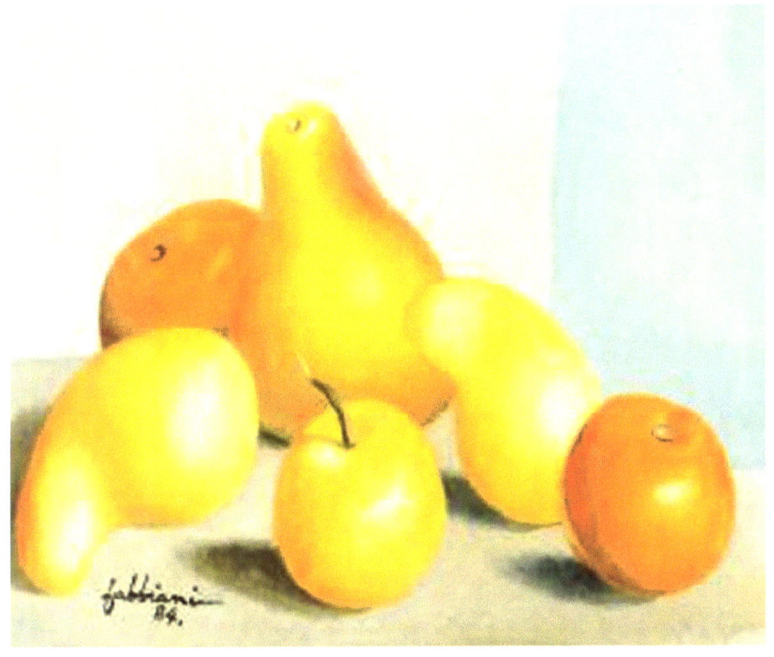

NOTAS Y COMENTARIOS
DEL AUTOR

1. *El Arte la razón y otras menudencias*. Guillermo Meneses. Editado por Monte Ávila Editores, 1982, compila diversos testimonios que, bajo el título "De una acera a otra acera", publicó Guillermo Meneses (1911-1978) a partir de 1938. El autor nacido en Caracas, realizó aquí la mayor parte de su obra, entre la cual se destacan varios libro de cuentos y las novelas *Campeones*, *El mestizo José Vargas*, *La misa del Arlequín* y *El Falso Cuaderno de Narciso Espejo*. Su sostenida actividad intelectual no se limitó a darnos uno de los cuerpos narrativos más importantes de las letras venezolanas del siglo pasado sino que, a la vez, se ocupó de escribir sobre cuanto merecía su atención en los más diversos aspectos de las artes, siempre desde una mirada generosa que nunca empañó la del crítico sagaz entendedor de las expresiones del arte contemporáneo.

2. Juan Vicente Gómez nació en la hacienda La Mulera, cerca de San Antonio de Táchira, el 24 de julio de 1857. Siguió estudios muy rudimentarios y por breve tiempo. A la muerte de su padre, Pedro Cornelio Gómez (1883), se dedicó al comercio y a la ganadería. En 1888, conoció a

Cipriano Castro, entonces gobernador de Táchira (el estado natal de ambos), quien pronto le hizo su compadre. Cuatro años más tarde, en calidad de comisario de Guerra y con el rango de coronel, actuó con Castro en defensa del gobierno de Raimundo Andueza Palacio, quien finalmente fue derrocado, en 1892, por la denominada revolución legalista. Tras siete años de exilio cerca de San José de Cúcuta, se sumó a la revolución liberal restauradora que llevó a Castro al poder en 1899. Cumplida la misión de pacificar el estado de Táchira, se enfrentó victoriosamente a la conocida como revolución libertadora (1902), hasta acabar con ella, lo que le dio un inmenso prestigio militar. Se encargó del poder, en su calidad de vicepresidente, en noviembre de 1908, cuando el presidente Castro viajó enfermo a Europa. Desde el 19 de diciembre de ese año (cuando se consumó el golpe de Estado que le habría de otorgar poderes especiales al margen de la Constitución de 1904) y hasta el día de su muerte, Gómez gobernó de forma dictatorial, tanto en sus tres mandatos presidenciales, como en aquellos intervalos cuando la presidencia de la República fue ejercida provisionalmente por políticos afines.

En términos generales, sus distintos gabinetes estuvieron integrados por hombres ilustres. El gobierno de Gómez se caracterizó por la erradicación del caudillismo (si bien él mismo encarnó muchos aspectos de ese comportamiento) y la implacable persecución de sus enemigos políticos, que ensayaron numerosas conspiraciones y llenaron las cárceles del país. Asimismo, reformó la Constitución en vigor en siete ocasiones (1909, 1914, 1922, 1925, 1928, 1929 y 1931), siempre con el objeto de acomodarla a su particular ejercicio del verdadero poder, facilitando la reelección presidencial, el acceso al cargo de alguno de sus colaboradores o cualquier otra actitud favorable a sus intereses. En el aspecto económico, su gobierno se benefició enormemente con la aparición del petróleo. En 1930 canceló la deuda externa, como homenaje a Simón Bolívar, en el primer centenario de su muerte. Juan Vicente Gómez no se preocupó por la educación del pueblo; inhabilitó los partidos de oposición y castigó duramente la delincuencia, aunque amasó una cuantiosa fortuna de más de 155 millones de bolívares. Murió el 17 de diciembre de 1935 en Maracay (Aragua), donde había fijado su residencia.

3. Enrique Planchart (1894-1953) fue un extraordinario animador de toda cultura. Las letras y las artes deben mucho a su consejo certero y a su colaboración decidida. Desde el Círculo de Bellas Artes, Planchart fue un decidido propulsor del progreso cultural y de toda manifestación estética que se producía en Venezuela. Desde la dirección de Cultura y Bellas Artes del Ministerio de Educación, no hizo sino proseguir oficialmente la tarea que se había propuesto: el fomento de la vida artística venezolana. Ésta es posiblemente la razón principal de que haya sido relativamente escasa su propia obra escrita. Como literato, Planchart fue sumamente exigente y riguroso con lo que él mismo escribía. Profundo conocedor del idioma español, fino corrector de giros sintácticos, toda su obra es pura justeza, no preciosismo. En 1952, cuando muere su esposa, salió de Caracas para encontrar alivio a tantos recuerdos. Se fue a Canadá donde edita su poemario "Bajo su mirada". Regresaba a Caracas para el primer

aniversario del fallecimiento de su amada, cuando le sobrevino en Curazao, a la vista de su tierra venezolana, el ataque del que murió. Póstumamente fue publicado el libro "La pintura en Venezuela", donde se agrupan los escritos de Planchart sobre las artes plásticas nacionales.

4. A Manuel Cabré (1890-1984), se le conoce como "el pintor del Ávila". Llegó a Caracas a la edad de 6 años. Debido a las limitaciones económicas de su familia, muy pronto comenzó a trabajar en un puesto de ventas del mercado de San Jacinto. No obstante, en 1904 ingresa en la Academia de Bellas Artes y en 1908 obtiene su primera distinción académica con un cuadro de gran tamaño: "Paisaje de la Sabana del Blanco". Producto de una huelga en la que participa, se ve obligado a abandonar la Academia y trabaja en una marmolería de El Paraíso. Se incorpora al Círculo de Bellas Artes en 1912 y tras algunas exposiciones y ventas de sus cuadros, en 1920 podrá viajar a París, donde estudia en la Academia de La Grande Chaumiére. Regresa en 1930 a Caracas para presentar una exposición de 26 obras realizadas en Francia. En 1936, bajo el mandato de Eleazar Díaz

Contreras, recibe el encargo de reformar la Academia de Bellas Artes, tarea que sin embargo es asumida por Edmundo Monsanto. A pesar de esto, en 1942, siendo presidente Isaías Medina Angarita, acepta la dirección del citado instituto ejerciendo el cargo hasta 1946. En 1951, recibió el Premio Nacional de Pintura.

5. Consulte en esta misma Colección Premio Nacional de Cultura, la monografía sobre Armando Reverón. Editada por la Fundación El perro y la rana. Autor: Ángel Cristóbal García. 2009.

6. Pacifista y seguidor de las ideas de León Tolstoi, el ruso Federico Ferdinandov no quiso participar en la Primera Guerra Mundial que estalló en 1914 y en noviembre del año siguiente obtuvo el permiso del Gobierno ruso para salir de su país, al cual nunca más había de regresar. En septiembre de 1917, permaneció brevemente en Caracas. Había instalado en Nueva York una joyería en la cual utilizaba perlas margariteñas; pero también pintaba, y proyectaba una *Academia Flotante de*

Pintura", un buque con artistas de distintas nacionalidades que recorrería los puertos del mundo entonces en guerra, llevando un mensaje de paz y confraternidad. En 1918 presentó este proyecto en Nueva York a Ilia Tolstoi (hijo del escritor) quien lo alentó. En 1919 Federico Ferdinandov salió de Estados Unidos con la intención de establecerse en la isla de Margarita, donde realiza diseños de joyas con perlas y pinta varias obras de paisajes marinos y submarinos. Buen ejemplo de su trabajo durante estos años en la isla son: *Faro de Porlamar* (claro de luna) (1918), *Pescadores de perlas en Porlamar* (1918), *Gruta submarina en la isla de Margarita* (1918), *Corales bajo el mar* (1918) y *Serranía submarina en el litoral de Margarita* (1918). Se traslada posteriormente a Caracas, y establece estrecho vínculo con los integrantes del Círculo de Bellas Artes, en especial con Rafael Monasterios y con Armando Reverón. Sobre este último ejercerá decisiva influencia, sobre todo en cuanto a la concepción de la vida: contribuye a revelar el aspecto mágico de la personalidad de Reverón y le incita a buscar su propia libertad. Estos 2 artistas se compenetran profundamente y por un corto tiempo se instalan junto a Juanita Mota en el pueblo de El Valle, llevando una vida de continuo trabajo. En diciembre de 1919 Ferdinandov organiza una exposición de pinturas de Monasterios y de Reverón; al año siguiente organiza otra de sus propias obras, conjuntamente con las de Antonio Edmundo Monsanto, Federico Brandt, Rafael Monasterios y Armando Reverón. Esta exposición contaba con una serie de recursos escenográficos novedosos, diseñados por él mismo, con el fin de sorprender al espectador. En diciembre de 1921, realiza su segunda exposición en Venezuela. El 26 de abril de 1922, contrae matrimonio con Soledad González y poco después se traslada con su esposa a Curazao, donde trabaja en el diseño de un submarino y en una exposición que se presentaría en Europa y en Venezuela. Ambos proyectos quedan inconclusos por su muerte. Tras su fallecimiento, el 7 de marzo de 1925, su esposa y sus 2 hijas, nacidas éstas en Curazao, se trasladan a Europa llevando consigo gran parte de las obras del artista, las cuales se pierden durante la Segunda Guerra Mundial. Sólo se conservan aproximadamente 40 obras, en su mayoría guaches;

varios proyectos de inventos y diseños de escenografías. Su pintura presenta una marcada influencia simbolista y del Art Nouveau, por lo que se le considera el mejor representante de estos estilos que haya trabajado en Venezuela. Algunas de sus obras más conocidas son: *Cementerio de los Hijos de Dios* (1919), *Amanecer en el Cementerio de los Hijos de Dios* (1919) y *Ermita en el bosque* (1919). La colección de obras de Ferdinandov fue donada por su viuda a la Fundación Galería de Arte Nacional.

7. Margot Benacerraf, caraqueña nacida en 1926, realizó estudios de cine en París, llegando a graduarse en el Instituto de Altos Estudios Cinematográficos. Sus dos películas más conocidas son del género documental: "Reverón", obra que ilustra la vida de este conocido pintor, y "Araya", la cual retrata el trabajo que día a día realizaban los trabajadores de las salinas de ese lugar al oriente de Venezuela. En 1959 ganó el premio de la crítica del Festival de Canes con su película "Araya". Ha sido una gran colaboradora del cine venezolano, llegando a ser fundadora de la Cinemateca Nacional en 1966, y su directora por tres años consecutivos. En 1991, con el

aliento del escritor Gabriel García Márquez, creó Fundavisual Latina, fundación encargada de promover el arte audiovisual latinoamericano en Venezuela. En febrero de 1987, el Ateneo de Caracas inauguró la sala de cine "Margot Benacerraf".

8. El Círculo de Bellas Artes tuvo su origen en la protesta que estalló en 1909 contra los métodos de enseñanza aplicados por Antonio Herrera Toro, director de la Academia de Bellas Artes de Caracas. Los estudiantes que solicitaban una renovación de dicha institución, comenzaron a reunirse en la plaza Bolívar de la capital, sitio de tertulia de la época. Los artículos publicados por Leoncio Martínez (Leo), en El Universal, unidos al empeño de Antonio Edmundo de cohesionar las voluntades dispersas de los jóvenes artistas, fue en definitiva el preámbulo de la fundación del Círculo de Bellas Artes. En términos generales, dicha organización fue un punto de encuentro importante para la proyección renovadora, no sólo de las artes plásticas sino también de la literatura. En sus comienzos el Círculo de Bellas Artes realizó una serie de exposiciones que contribuyeron a que

el público comenzara a valorar el quehacer artístico, como digno de ser considerado a la par de cualquier otra profesión u oficio. Sus actividades las inició en el teatro Calcaño (situado entre las esquinas de Camejo y Colón), cedido por su propietario, el ingeniero Eduardo Calcaño Sánchez. Luego funcionó en una casa alquilada en la esquina de Reducto; de allí pasó a un local del callejón Guinand, en el barrio de Pagüita, el cual fue allanado por la policía en 1917. Artistas y modelos pasaron una noche en el cuartel de policía y luego fue clausurado el pequeño taller. Como consecuencia de la persecución sufrida, el grupo de artistas se dispersó, aunque siguió trabajando esporádicamente ya fuera en casa de algunos de los integrantes o en el colegio de Amalia Coking, tía de los hermanos Monsanto. Aunque el Círculo de Bellas Artes tuvo una vida corta, dicha organización contribuyó notablemente al redimensionamiento del arte venezolano en todas sus facetas.

9. Cesar Prieto nació en Santa María de Ipire, Estado Guárico, en 1882. Estudió en la Academia de Bellas Artes de Caracas. Fue un artista trashumante, que vivió largas

temporadas en el interior del país, en el anonimato, pues era un hombre profundamente solitario aunque seguro de sí mismo. Realizó una obra espaciada y sólida. Más constructivo que los demás paisajistas de su generación, Prieto se muestra sobre todo como un arquitecto del paisaje, y aún cuando adopta un principio neo impresionista para componer laboriosamente su obra, procede de la manera más intuitiva y libre para alcanzar el mayor grado de objetividad visual en los efectos de luz, fiel a la observación de la naturaleza, de la que no se aportó nunca.

10. Consulte en esta misma Colección Premio Nacional de Cultura, la monografía sobre Francisco Narváez. Editada por la Fundación El perro y la rana. Autor: Ángel Cristóbal García. 2009.

11. El término "campesino-pierrot", hace referencia a un personaje típico de la sociedad francesa de mediados del siglo XVI, el hombre del campo que va a la gran ciudad a probar suerte. Le llamaban genéricamente "Pierrot" ('Pedrito', en español) por las cualidades que les

caracterizaban y las cuales fueron inmortalizadas posteriormente por el teatro, la novela, la pintura y las artes escénicas francesas. Ese joven del interior que llegaba a París, es descrito en la literatura como atractivo, encantador, pero que, debido a su naturaleza de buena y confiada, es engañado con frecuencia. En el teatro Pierrot suele estar vestido de amplio traje blanco que le cubre las manos, con botones negros y lleva un pequeño sombrero negro. Su cara pintada de blanco o lleno de polvo (harina), suele tener pintada una lágrima al estilo de un clown. Por eso los payasos modernos se pintan en los ojos una cruz, recuerdo de esas lágrimas de Pedrito.

12. César Rengifo (1915-1980), poeta, dramaturgo, pintor y muralista, nació en Caracas, donde comenzó sus estudios en la Academia de Bellas Artes. Más tarde se trasladó a Chile (1936-1937), y luego a México, donde se adentró en el muralismo. Entre sus obras destacan dos importantes murales: *El mito de Amalivaca* (1955) y *Creadores de la Nacionalidad* (1973). En 1953 ganó el Premio Andrés Pérez Mujica, del Ateneo de Valencia, y en 1954 ganaría tres importantes galardones más: el

Premio Nacional de Pintura, el Antonio Esteban Frías y el Arturo Michelena. Años después recibiría el Premio Nacional de Teatro (1980). Como dramaturgo publicó unas 20 obras, entre las que cabe reseñar: *Manuelote* (1950), *La esquina del miedo* y *La sonata del alba* (1974). César Rengifo murió en Caracas el 2 de noviembre de 1980. El teatro de Petare lleva su nombre.

13. Ídem 1.

14. "Barlovento, Barlovento, tierra ardiente y del tambor, tierra de las fulías y negras finas que llevan de fiesta su cintura prieta, al son de la curbeta y el taquiti taqui de la mina", es una de las canciones más representativas del folklore venezolano. Barlovento significa "de donde viene el viento", en contraposición a sotavento, que es adonde va el viento. Se encuentra situada geográficamente en estado Miranda, al este de Caracas. En Barlovento se encuentran varios pueblos pintorescos como: Higuerote, Carenero, Río Chico y Tacarigua de la Laguna.

15. En esa cautivante fusión de culturas que nos caracteriza, con el baile del tambor se rinde culto en Venezuela a San Juan Bautista. Pero San Juan deja su aureola de santo blanco, sereno y silencioso, para convertirse en San Juan Guaricongo, el alegre santo de nuestra africanía, el celestial patrón de las hogueras, del ritmo fascinante, de la danza. Tres días por lo menos dura esta celebración, sacra y profana a la vez. "Cumaco", "curveta", "mina" y "culo e'puya", son los cuatro protagonistas de esta fiesta mágica y fascinante: el baile del tambor.

16. El poblado de Panaquire fue fundado en 1733 por españoles de origen canario, sin embargo, su población es fundamentalmente afrodescendiente por algunas razones históricas. Al contrario de otros pueblos en la misma zona y época, fue construido en la ribera sur del río Tuy. Esto puede estar relacionado con las actividades contrabando de cacao que se realizaron desde la misma y que llevaron al conflicto con la Compañía Guipuzcoana. La ribera sur era inaccesible por tierra, dando tiempo a los habitantes del pueblo a reaccionar frente a la llegada

de funcionarios del estado. Todavía, la actividad económica de Panaquire sigue ligada al cultivo del cacao.

17. Tomado de: La pintura de José Vicente Fabbiani. Autor: Carlos Silva. Antimano Editores: Caracas, 2005.

18. A partir de la primera década del siglo actual, los pintores reunidos en el Círculo de Bellas Artes, comenzaron a indagar las posibilidades formales de la pintura, movidos en buena parte por las noticias que sobre el campo artístico les llegaron de Europa; buscando nuevas vertientes temáticas para la experimentación. De esta manera, artistas como Federico Brandt y Abdón Pinto siguieron en sus naturalezas muertas las experimentaciones del impresionismo y post-impresionismo, las cuales conocieron personalmente a través de la obra del rumano Samys Mützner. Pero será Marcos Castillo (Caracas, 1897-1966) quien llevará hasta sus últimas consecuencias los estudios formales de lo inanimado. Influido por los logros cezannianos y fauvistas, desarrolló una obra básicamente centrada en la naturaleza muerta. Su lenguaje evoluciona desde la

búsqueda estructural hasta la final desintegración de formas en favor de hermosos efectos coloristas, tal como lo apreciamos en su pintura *Girasoles*.

19. Tomado de: Pequeña enciclopedia de pintura venezolana; "Juan Vicente Fabbiani". Autor Rafael Ginnari. Nro.16. 3era. Edición: Caracas, 1974.

20 y 21. Ídem 2.

22. Paúl Gauguin (1848-1903) es el ejemplo que representa el mito del bohemio y del primitivismo. Encarna la necesidad de unir arte y vida, una utopía presente en la vanguardia. Su pintura tiene un gran componente ético, pues rechaza la cultura de occidente y abandona la "civilización" en pos de los pueblos "primitivos". Gauguin rechaza lo académico, valora la máscara africana, el arte románico y todas aquellas tendencias que estaban fuera de lo habitual. Por eso se refugia primero en las islas Polinesia, luego en islas Marquesas, donde cree estar en el paraíso, aunque otros dicen que viajó allá en busca de mujeres mulatas y sexo.

Sus experimentos sobre el color y el conjunto de su obra influyeron en la evolución de la pintura.

23. La primera exposición individual del pintor italiano Amedeo Modigliani (1884-1920), realizada en la galería de Berthe Weill, es clausurada por la policía a causa de unos desnudos —calificados de inmorales-, que se mostraban en el escaparate de la sala. Ese mismo año conoce a la que sería su última compañera, Jeanne Hébüterne, una joven de diecinueve años con la que tendrá su única hija reconocida, Jeanne. Poco a poco consigue vender obras, pero su salud empeora y se agrava su dependencia de las drogas y el alcohol. Consumido por la enfermedad, tras una semana de terrible agonía en que la pareja permanece recluida en su estudio, sin comida y sin solicitar ayuda a nadie, el pintor muere en enero de 1920, en un hospital de París. A las pocas horas, su compañera, que se encontraba ya en el noveno mes de gestación, se suicida arrojándose desde la ventana de su piso.

24. Al comienzo de su trayectoria artística, Henri Matisse (1869-1954) practicó el dibujo del natural en un estilo

más bien tradicional, como se aprecia en "El tejedor bretón", y realizó copias en el Louvre. Más adelante pasó a pintar luminosos paisajes de Córcega y de la Costa Azul, dejándose llevar por los aires impresionistas de la época, y practicó esporádicamente el divisionismo. En algunas de sus figuras pintadas hacia fin de siglo está presente la influencia de Cézanne, pero a partir de 1907 su estilo se hizo más definido y pintó a la manera "fauve": supresión de detalles y tendencia a la simplificación, con lo que obtuvo cuadros impregnados de paz y armonía, como "Lujo, calma y voluptuosidad" o "El marinero de la gorra". Mediante zonas de color diferenciadas, Matisse tradujo la forma de los objetos y el espacio existente entre ellos, además de introducir arabescos y crear un ritmo característico en sus cuadros, como en "Las alfombras rojas". Su uso del color fue de una gran sensualidad, aunque siempre muy controlada por una metódica organización estructural. Como él mismo declaró: «Sueño con un arte de equilibrio, de tranquilidad, sin tema que inquiete o preocupe, algo así como un lenitivo, un calmante cerebral parecido a un buen sillón».

Un de sus rasgos peculiares es la sensación de bidimensionalidad de cuadros como "La habitación roja" (o "Armonía en rojo") o "Naturaleza muerta con berenjenas", en los que la ilusión de profundidad queda anulada mediante el uso de la misma intensidad cromática en elementos que aparecen en primer o en último plano.

25. André Lhote (1885-1962), nació en Burdeos, Francia. Tras asistir a un curso de escultura de la École des Beaux-Arts de Burdeos, entró en el mundo de los profesionales de la pintura. Expuso en el Salón de Artistas Independientes en 1906 y en el Salón de Otoño del año siguiente. Se sintió atraído por el Cubismo, integrando la Sección de Oro. En 1922, abrió una academia para difundir su pensamiento estético, donde ejerció de influyente pedagogo. Su obra teórica tuvo mucho peso en las décadas centrales del siglo XX.

26. Tras estudiar en la academia de su Cracovia natal, Moisé Kisling (1891-1953), abandonó Polonia en 1910 para dirigirse a París, donde trabó amistad con muchos miembros de la vanguardia, en especial con otros artistas expatriados como él. Fue amigo de Modigliani, cuya

mascarilla mortuoria le tocó hacer; conoció a Picasso y el cubismo fue una de las influencias iniciales en su obra. Participó en la I Guerra Mundial, donde fue herido y se trasladó al sur de Francia hasta la capitulación de los alemanes. A su regreso a París, en 1919, tuvo un clamoroso a partir de una exposición que montó en una famosa galería parisina, y por sus retratos de marcada elegancia adquirió fama inmensa. Al estallar la II Guerra Mundial, se fue a Estados Unidos, y vivió entre Nueva York y Hollywood, de 1941 y 1946, invitado por su compatriota y muy célebre pianista polaco Artur Rubinstein.

27. Citado por Juan Liscano, en el diario El Nacional, 1944.

28. Ídem a la nota 17.

29. Oscar Wilde (Dublín, 16 de octubre de 1854 – París, 30 de noviembre de 1900) fue un escritor, poeta y dramaturgo británico-irlandés. Wilde está considerado como uno de los dramaturgos más destacados del

Londres victoriano tardío; además, fue una celebridad de la época debido a su puntilloso y gran ingenio. Su reputación se vio arruinada tras ser condenado a dos años de trabajos forzados, en un famoso juicio en el que fue acusado de indecencia grave por una comisión inquisitoria de actos homosexuales.

30. Van Gogh nació el 30 de marzo de 1853 en Groot-Zunder, Holanda. Desde su juventud demostró tener un temperamento fuerte y un carácter difícil que habría de frustrar todo empeño que emprendía. A los 27 años ya había trabajado en una galería de arte, había dado clases de francés, había sido estudiante de teología y evangelizador entre los mineros de Wasmes, en Bélgica. Sus experiencias como predicador aparecen reflejadas en sus primeras composiciones sobre campesinos, de las cuales la más conocida es *Los comedores de papas* (1885, Museo Vincent van Gogh, Amsterdam, Holanda), uno de los diez únicos grabados que el pintor hizo a lo largo de su carrera. Oscuras y sombrías, a veces descarnadas, sus primeras composiciones ponen en evidencia el intenso deseo de expresar la miseria y los sufrimientos de la

humanidad tal y como él los vivió entre los mineros de Bélgica. En 1886 fue a París a vivir con su hermano Théo van Gogh, que era marchante de arte, y allí se familiarizó con los nuevos movimientos artísticos que estaban en pleno desarrollo. Influido por la obra de los impresionistas y por la de los grabadores japoneses, comenzó a experimentar con las técnicas de la época. En 1888 dejó París y se trasladó al sur de Francia con la esperanza de atraer allí a algunos de sus amigos y fundar con ellos el Taller del Mediodía. Bajo el sol ardiente de la Provenza, pintó escenas rurales, cipreses, campesinos y otras características de la vida de la región. Durante ese periodo en el que vivió en Arlés, empezó a utilizar las pinceladas ondulantes y los amarillos, verdes y azules intensos relacionados con obras tan conocidas como *La habitación de Vincent en Arlés* (1888, Museo Vincent van Gogh) y *Noche estrellada* (1889, Museo de Arte Moderno, Nueva York, Estados Unidos). Son también de esta época Descargadores en Arlés (1888) y *Les Vessenots en Auvers* (1890), ambas en el Museo Thyssen-Bornemisza de Madrid (España). Para él todos los fenómenos visibles, los pintara o los dibujara, parecían estar dotados de una vitalidad física y espiritual. Logró contagiar su entusiasmo al pintor Paul Gauguin, al que había conocido en París, para que fuera a verle a Arlés. Menos de dos meses después empezaron a tener violentos enfrentamientos que culminaron en una pelea en la que Van Gogh, fuera de sí, amenazó a Gauguin con una navaja; esa misma noche, sumido en un profundo remordimiento, Van Gogh se cortó parte de la oreja. Estuvo internado durante un tiempo en un hospital de Arlés y un año en el manicomio de Saint-Rémy, situado en esa misma región. Durante ese periodo siguió trabajando entre los varios ataques de locura que sufrió. Más tarde pasó tres meses en Auvers bajo la atención de un médico cordial y comprensivo, cuyo retrato pintó (*El doctor Paul Gachet*, 1890, Museo de Orsay, París). Inmediatamente después de acabar su inquietante *Cuervos sobre el trigal* (1890, Museo Vincent van Gogh), se disparó un tiro el 27 de julio de 1890 y murió dos días más tarde.

32. Ídem a nota 1.

33. Citado por Albert Junyent, en el diario El Nacional: Caracas, 1945.

34. Citado por Guillermo Meneses, en el diario El Nacional: Caracas, 1948

35. Ídem a nota 1.

36. Armando Lira (1903-1959) estudió en la Academia de Bellas Artes de Santiago de Chile y en París, donde residió entre 1930 y 1934. Pintor y pedagogo, se radicó en Venezuela en 1948, bajo un contrato para enseñar en la Escuela de Artes Plásticas. En una primera etapa expresionista, su obra es de factura pastosa, sin luminosidad. Luego de 1948 se apreció un cambio bajo la influencia de los pintores del Círculo de Bellas Artes, interesándose por la luz, y una motivación pintoresca y local (paisajes rurales y urbanos, naturalezas muertas). Enrique Planchart señaló como característica de la obra venezolana de Lira la "amplitud de dibujo, tonos cálidos verdaderamente preciosos y la euforia de la entonación general". Lira está representado en el Museo de Bellas

Artes de Caracas; Museo de Toledo (EE.UU.); Museo de Bellas Artes, Santiago de Chile; Museo de Arte Contemporáneo, Universidad de Santiago de Chile y Museo de Montevideo (Uruguay).
En 1960 se realizó una exposición homenaje al pintor en el Museo de Bellas Artes.

37. Tomado de: Enciclopedia de las Artes Visuales de Venezuela. Tomo II.

38, 39 y 40. Ídem 37

41. El informalismo, también llamado "arte abstracto", se refiere a toda expresión plástica que prescinde de las formas naturales y tradicionales. En ocasiones puede partir de un modelo natural, pero es sintetizado de tal forma que en el resultado final no se reconoce el tema original. Se otorga primacía al color y a las materias con las cuales se plasma la obra. Aunque a simple vista parezcan obras realizadas "a la rápida", su ejecución es muy estudiada y meditada en cuanto a las formas, línea, armonías cromáticas, etc. Se considera como iniciador

del informalismo a Wassily Kandinsky. En la misma época se desarrolló en Holanda un movimiento plástico de tendencia informalista conocido como De Stjil, o también con el de "neoplasticismo", formado por pintores y arquitectos entre los que se cuentan Piet Mondrian, de pinturas geométricas y colores básicos, y Theo Van Doesburg. Otros pintores de esta tendencia son: Paul Klee, Viktor Vasarely.

BIBLIOGRAFÍA CONSULTADA

-Diccionario Biográfico de las Artes Visuales en Venezuela. Tomo II.

-Meneses, Guillermo. El arte, la razón y otras menudencias. Caracas. Monte Ávila Editores, 1982.

-Planchart, Enrique. La pintura en Venezuela. Buenos Aires: Imprenta López, 1956

-Silva, Carlos. La pintura de Juan Vicente Fabbiani. Artimano Editores, 2005

INDICE

3/ INTRODUCCIÓN

Ritmos quietos o apacibles

10/ PARTE I

El alfa y el omega

En Caracas espera el destino

17/ PARTE II

Esqueleto, piel, savia y pulpa

Un canto a la armonía de la forma

27/ PARTE III

Escalando los peldaños del triunfo definitivo

Siguiendo las huellas de su maestro

La pintura realista y su repercusión en Venezuela

Un realismo propio

39/ EPÍLOGO

El incesante silencio creador

43/ EXPOSICIONES

45/ NOTAS

73/ BIBLIOGRAFÍA

Otras obras publicadas en esta Colección

-*Armando a Reverón.* Monografía del pintor venezolano Armando Reverón.

-*Urbis et Hominis.* Monografía del pintor venezolano Pedro León Castro.

-*El maestro de las sombras.* Monografía del pintor venezolano Angel Hurtado.

-*La batalla entre el artista y la forma.* Monografía del escultor venezolano Francisco Narváez.

-*Archivos Boulton.* Maestros venezolanos del siglo XX.

www.ingramcontent.com/pod-product-compliance
Lightning Source LLC
Chambersburg PA
CBHW041948240526
45473CB00036B/2517